Alexander Holzach

Peixes
o signo romântico

De 20 de fevereiro a 20 de março

Pessoas de peixes são estrelas natas.

Em cada uma delas, há uma personalidade reluzente escondida.

Nascidos em peixes gostam de mudar sua aparência.

...por exemplo, com uma nova cor de cabelo
ou roupas diferentes.

O signo de peixes é sensível
e gosta de se mostrar misterioso.

O olhar de alguém de peixes tem uma profundeza sensua

...da qual é difícil conseguir escapar.

Peixes sempre sente aquilo de que seus amigos estão precisando...

...e, com isso, passa a eles segurança.

Em qualquer situação de vida, pessoas de peixes passam...

...uma sensação boa...

...e são os melhores conselheiros.

Quando você estiver em apuros...

...pode contar com a ajuda desse signo.

Peixes vê seus adversários como bem entende...

...independentemente dos modos que tenham.

Assim, testa de forma missionária sua capacidade de convencimento.

E demonstra mais medo quando o outro morde.

Peixes é retraído e, na verdade, um solitário.

Mas, com o tempo, isso se torna chato demais para esse signo.

Quando peixes encontra o parceiro ideal...

...faz de tudo por ele.

Mas cuidado: Uma fala atravessada e vai lhe deixar cair novamente.

Nascidos em peixes não gostam nada...

...quando alguém gruda.

Quando é demais para eles...

..simplesmente se dão direito a uma pausa.

Quando peixes precisa engolir uma
crítica, permanece calmo e tranquilo.

A fumaça, ele deixa escapar em segredo.

Peixes gosta de tornar o mundo mais belo.

Tem um talento para decoração...

...e consegue executar com facilidade
as tarefas mais difíceis.

Peixes tem uma queda pelo oculto.

Gosta de consultar um pêndulo de vez em quando.

Mas, se vai dar ouvidos ao pêndulo, vai depender.

Com sua inclinação ao sobrenatural...

...tende também a seguir um ser iluminado.

O signo de peixes consegue maravilhosamente...

...se colocar no lugar do outro...

...para o estudar e o analisar...

...e depois sumir.

Às vezes, peixes passa do ponto...

...e tende ao exagero.

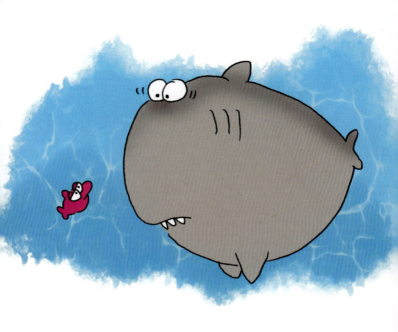

Especialmente em animais de grande porte,
a delicadeza de peixes desperta

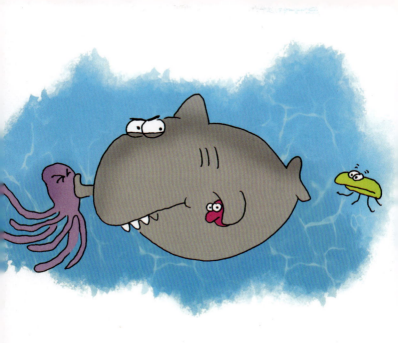

.um instinto protetor.

Com dinheiro não se pode...

...atrair alguém de peixes...

Para peixes, a família está lá em cima...

...e cuidadosamente a mantém unida.

É preciso cuidado ao servir
   algo errado a alguém de peixes.

Eles são extremamente sensíveis.

Às vezes, mesmo quando peixes...

...pode se tornar agressivo...

...a harmonia sempre prevalece.

Pessoas de peixes têm bom coração
e são ingênuas...

.o que, para elas, não faz muita diferença...

...pois tomam tudo como uma experiência importante.

O signo de peixes é supersociável.

...mpre tem o coração aberto às necessidades dos outros.

Às vezes, o signo de peixes pode ser...

crédulo demais,

irrealista

e um pouco acomodado.

Mas também é todo coração...

compreensivo,

romântico,

apegado à família

e criativo.

TÍTULO ORIGINAL *Der romantische Fish*
© 2015 arsEdition GmbH, München – Todos os direitos reservados.
© 2017 VR Editora S.A.

EDIÇÃO Fabrício Valério
EDITORA-ASSISTENTE Natália Chagas Máximo
TRADUÇÃO Natália Fadel Barcellos
REVISÃO Felipe A. C. Matos
DIREÇÃO DE ARTE Ana Solt
DIAGRAMAÇÃO Balão Editorial

Dados Internacionais de Catalogação na Publicação (CIP)
(Câmara Brasileira do Livro, SP, Brasil)

Holzach, Alexander
  Peixes: o signo romântico / Alexander Holzach; [tradução Natália Fadel Barcellos].
— São Paulo: VR Editora, 2017.

Título original: *Der romantische Fish*
ISBN 978-85-507-0120-2

1. Astrologia 2. Horóscopos 3. Signos e símbolos I. Título.

17-04661   CDD-133.54

Índices para catálogo sistemático:
1. Horóscopos: Astrologia 133.54

Todos os direitos desta edição reservados à
VR EDITORA S.A.
Via das Magnólias, 327 - Sala 1 | Jd. Colibri
CEP 06713-270 | Cotia | SP
Tel.| Fax: (+55 11) 4702-9148
vreditoras.com.br | editoras@vreditoras.com.br

SUA OPINIÃO É
MUITO IMPORTAN
Mande um e-mail par
opiniao@vreditoras.co
com o título deste li
no campo "Assunto"

1ª edição, nov. 2017
2ª reimpressão fev. 202
FONTES SoupBone e
KG Be Still And Know
IMPRESSÃO GSM
LOTE GSM070223